AF302172

Für Hua

Autor: Sven Tetzlaff
Umschlaggestaltung, Illustration: Kathai Media

Verlag & Druck: tredition GmbH, Halenreie 40-44,
22359 Hamburg
ISBN: 978-3-347-18190-8

Bibliografische Information der Deutschen Nationalbibliothek:
Die Deutsche Nationalbibliothek verzeichnet diese Publikation in der Deutschen Nationalbibliografie; detaillierte bibliografische Daten sind im Internet über http://dnb.d-nb.de abrufbar.

Zeit ist das, was man an der Uhr abliest.

Albert Einstein

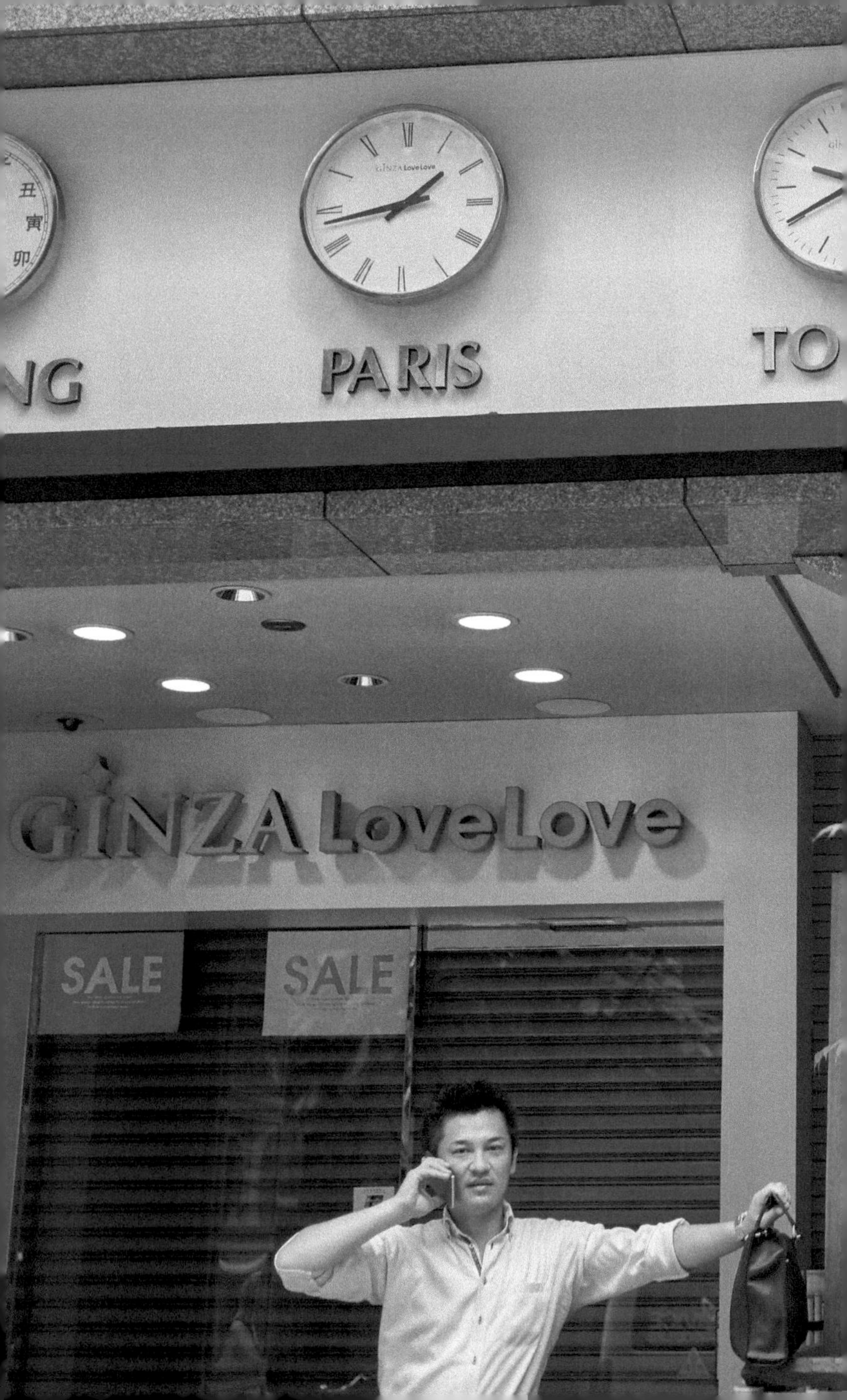
GINZA LoveLove
PARIS
TO
NG
GINZA LoveLove
SALE
SALE

Uhren im öffentlichen Raum gibt es schon eine lange Zeit. Geht man durch die Verbotene Stadt in Beijing, auf eine mittelalterliche Burg an der Mosel oder auf einen alten Markt in der Türkei, begegnen einem überall Sonnenuhren. Irgendwann wurden in Europa diese Sonnenuhren durch mechanische Kirchturmuhren abgelöst.

Für jeden sichtbar, sollten sie vor allem klarstellen, wer im Lande Herr über die Zeit ist.

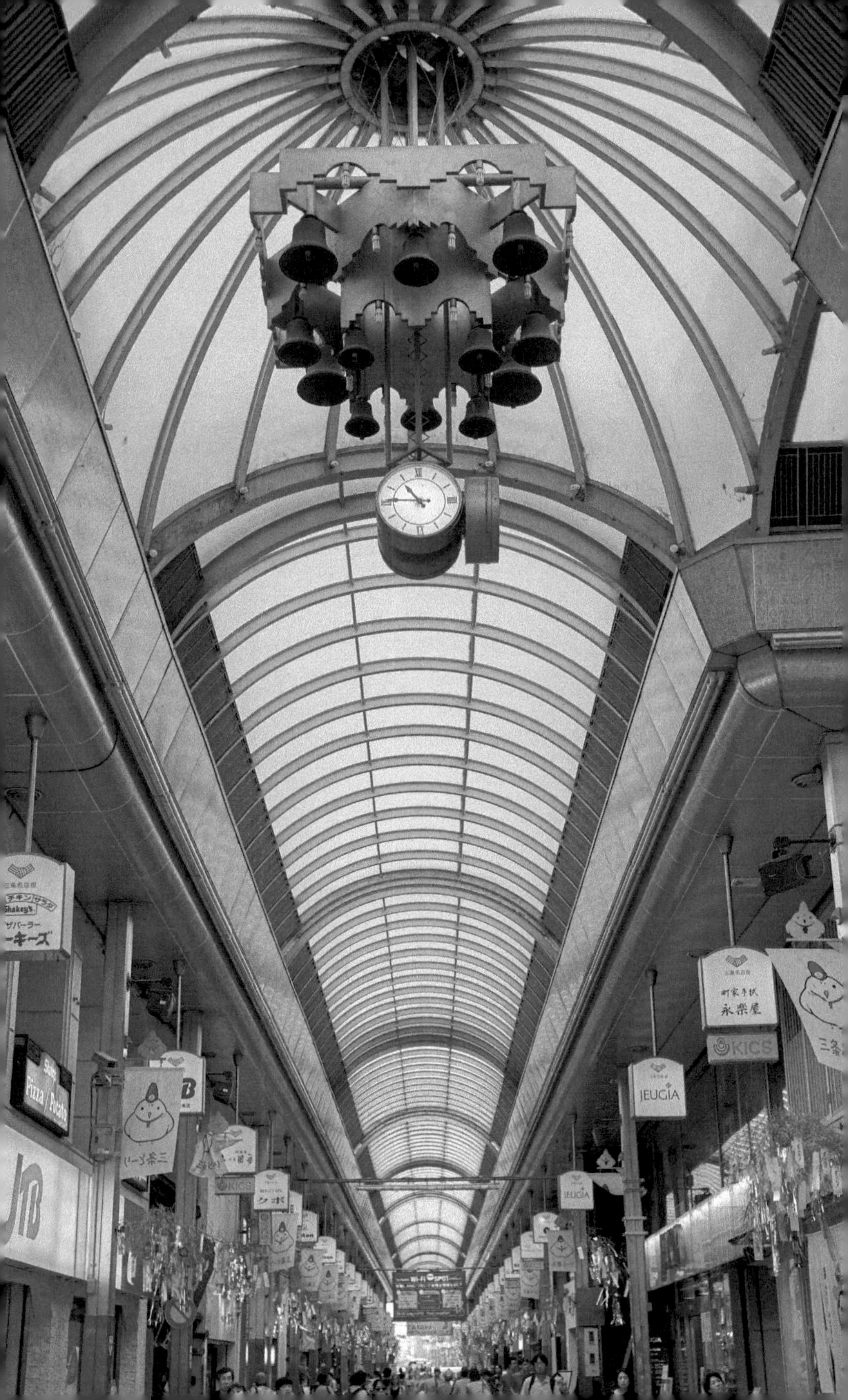

三条名店街
チキンサラダ
Shakey's
ザ・パーラー
ーキーズ
Shakey's
Pizza / Potato
JB
三条名店街
町家手紙
永樂屋
KICS
三条
JEUGIA
KICS
JEUGIA
WI-FI SPOT

Gelegentlich verspottete man das Konzept der Kirchturmuhr, als die falsche Interpretation der mittelalterlichen Scholastik, welche vor allem durch eine Menge an Sphären versinnbildlicht wurde. Angetrieben durch eine Ur-Kraft, dem Energiespeicher und getaktet durch das Symbol der Entwicklung, dem Pendel, als Gangregler. Das war das klerikal-mechanistische Weltbild, in der eine Entwicklung immer nur im Kreis erfolgt, bzw. faktisch nicht stattfindet.

Wie die Sonnenuhren hatten diese Symboluhren meist nur einen Zeiger. Minutenzeiger oder gar Sekundenzeiger wurden noch nicht gebraucht.

Die Anforderungen an die Genauigkeit änderten sich erst mit Beginn der Vermessung der Welt. Die geographischen Entdeckungen und die damit einhergehenden Eingemeindungen in den Besitz der entdeckenden Kolonialmacht machten eine exakte Standortbestimmung unabdingbar.

Die Leute, die niemals Zeit haben, tun am wenigsten.

Georg Christoph Lichtenberg

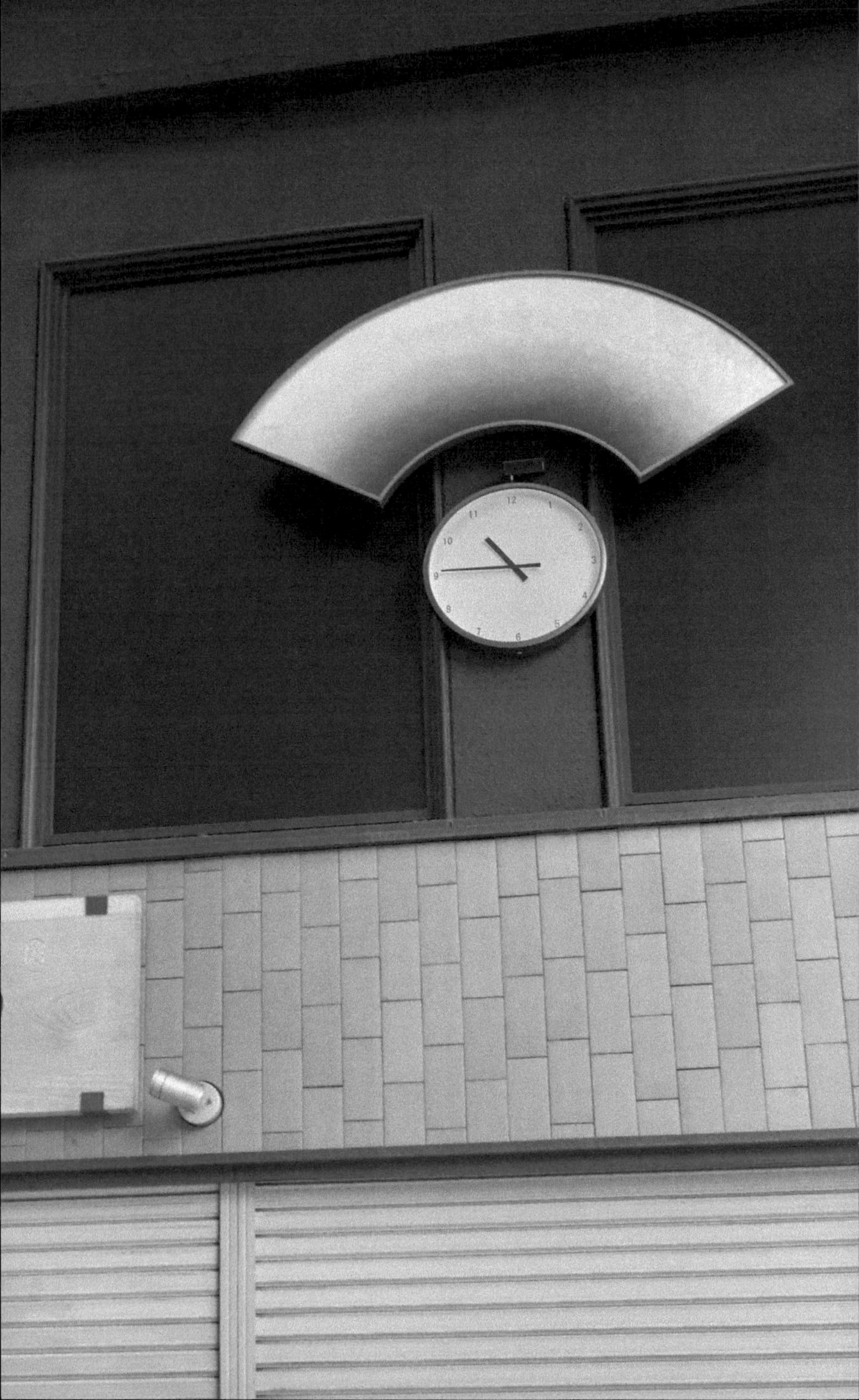

Die auf den Schiffen mitgeführten Chronometer ermöglichten diese Bestimmung des Ortes durch die Zeit. Die Marine verlangte nach immer präziseren Zeitmessern und die bekam sie - denn das rechnete sich. Irgendwann war es so weit, dass das britische Empire in allen Zeitzonen präsent war. Wie die Geschichte weiterging, ist bekannt. Im agrarischen Britannien begann die industrielle Revolution, die so nach und nach fast die ganze Welt erfasste.

Wenn die Zeit kommt, in der man könnte, ist die vorüber, in der man kann.

Marie von Ebner-Eschenbach

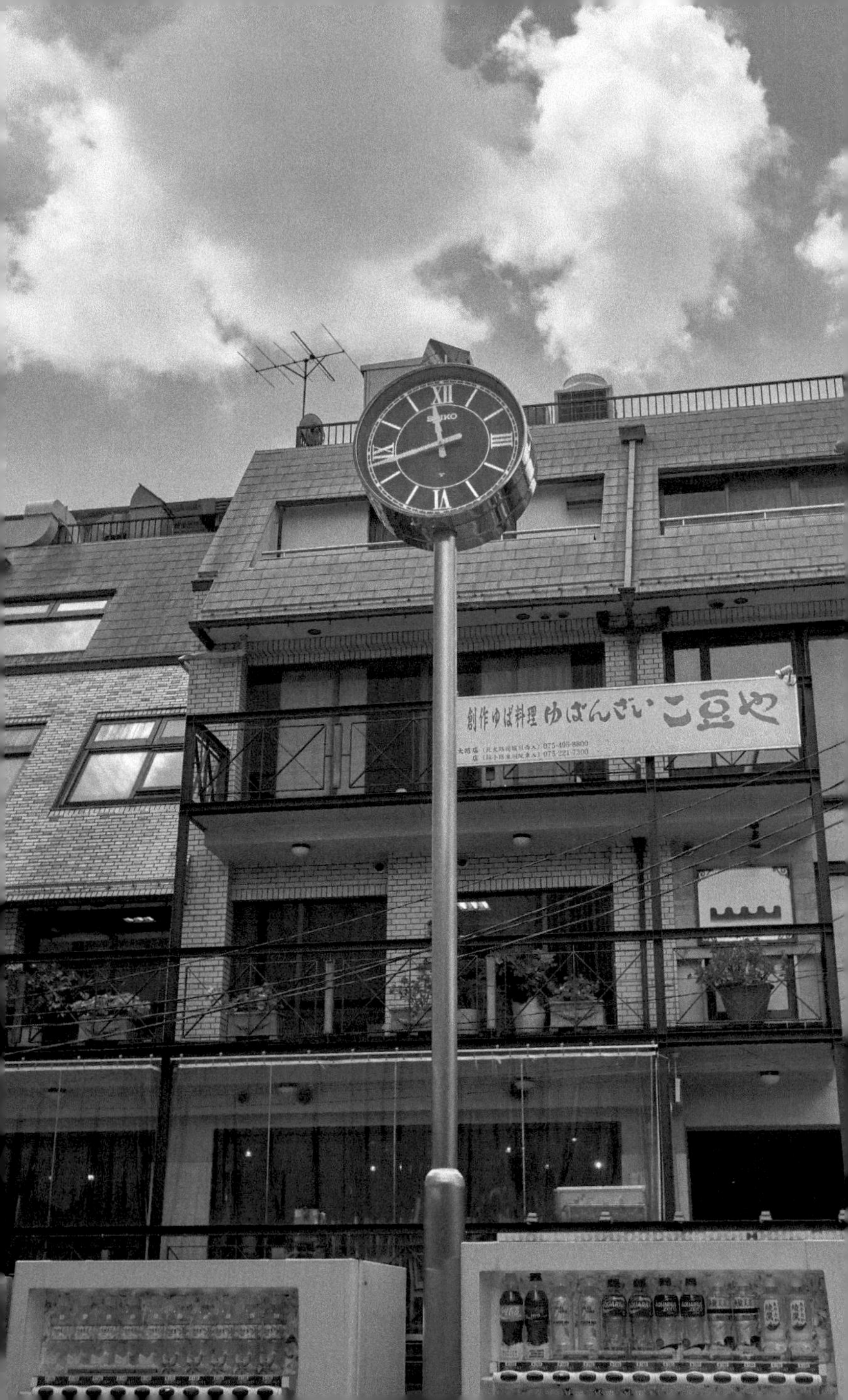
SEIKO
創作ゆば料理 ゆばんざい こ豆や
075-495-8800
075-221-7300

Die agrarische Welt kannte nur zwei Takte. Das war der Sonnenaufgang, wenn man zur Arbeit ging und der Sonnenuntergang, wenn man zurückkam. Die industrielle Welt erhöhte die Taktzahl. Erst langsam, dann immer schneller. Doch die neuen Takte krankten daran, dass man sie nicht einfach ausmachen konnte und somit nicht synchron liefen.

Im 19. Jahrhundert wurde der öffentliche Raum geradezu überrollt mit allgemein sichtbaren Zeitmessern. Die industrielle Welt synchronisierte sich.

Es gibt Diebe, die nicht bestraft werden und einem doch das kostbarste stehlen: die Zeit.

Napoleon

11:44

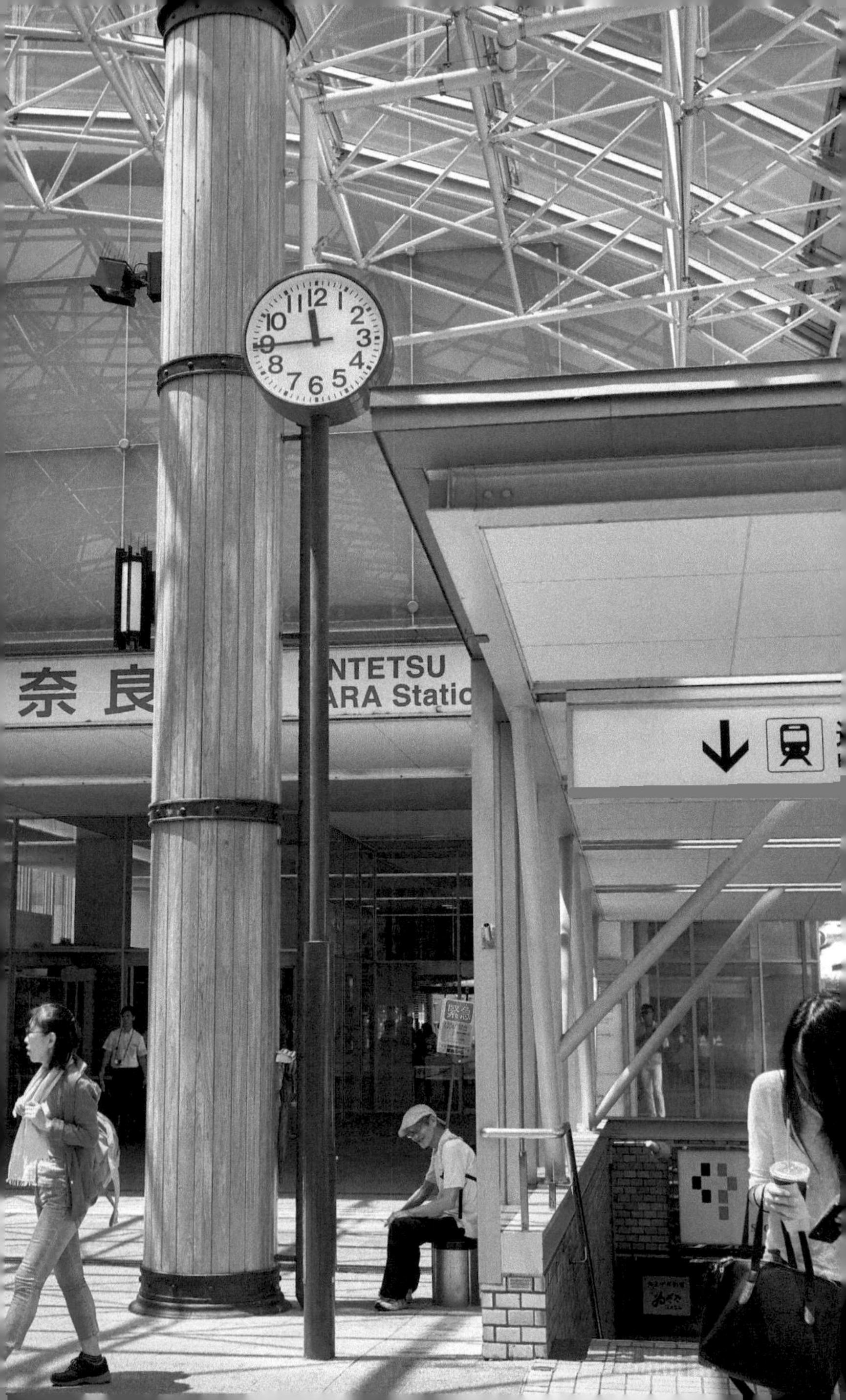

奈良
KINTETSU
NARA Station
緊急

Diese Chronometrisierung geschah keineswegs schleichend und unbemerkt, sondern wurde öffentlich wahrgenommen und diskutiert. Zuweilen blieb beißender Spott nicht aus. So verglich Alfred Kubin in seinem Buch „Die andere Seite", den quasi-religiösen *Großen Uhrbann*, mit einem öffentlichen Pissoir.

Jede Zeit ist eine Sphinx, die sich in den Abgrund stürzt, sobald man ihr Rätsel gelöst hat.

Heinrich Heine

11:45

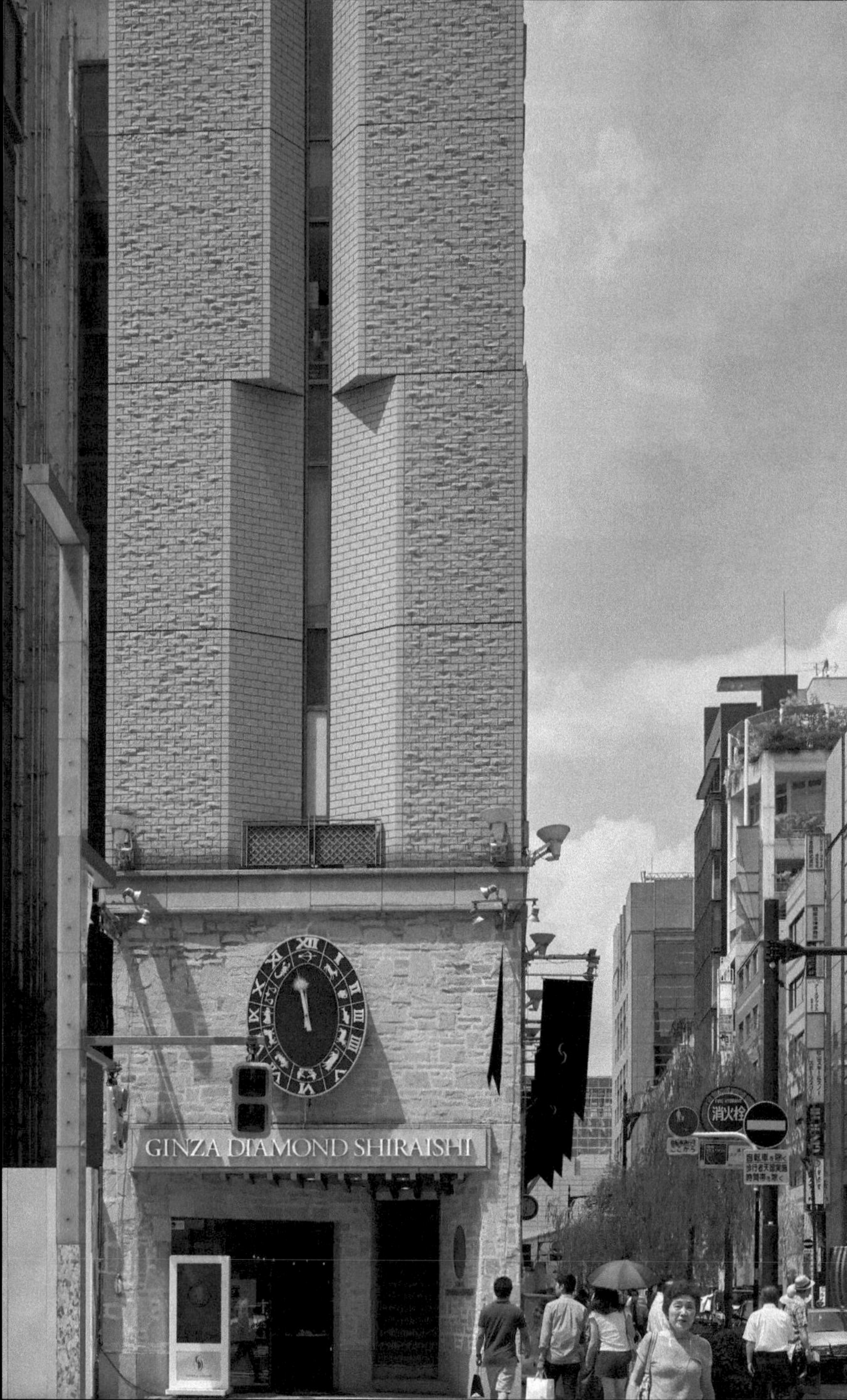
消火栓
GINZA DIAMOND SHIRAISHI

„Er (der Uhrturm auf dem Hauptplatz von Perle) übt nämlich auf sämtliche Bewohner eine mysteriöse, unglaubliche Anziehungskraft aus. Zu bestimmten Stunden wird dieses alte Gemäuer schwarmweise von Männern und Frauen umringt. [...] Die Leute stampfen nervös den Boden und blicken immer wieder auf die langen, rostigen Zeiger da oben. Fragt man sie, was da vorgehe, so erhält man zerstreute, ausweichende Antworten.[...] Kurz entschlossen riskierte ich's auch einmal, wurde jedoch grob enttäuscht. Weißt du, was da drinnen war? Auch Deine Erwartungen werden sinken. Man kommt in eine kleine, winklige, leere Zelle, zum Teil mit rätselhaften Zeichnungen, wohl Symbolen bedeckt. [...] Über die Seitenwand strömt Wasser, ununterbrochen strömt es. Ich tat, wie der Mann, der nach mir eintrat, blickte die Wand starr an und sagte laut und deutlich: »Hier stehe ich vor Dir!« Dann geht man wieder hinaus. Mein Gesicht muss ziemlich verdutzt ausgesehen haben. Die Frauen haben ihre eigene Seite mit eigenem Eingang, was wie in der ganzen Welt durch kleine Aufschriften kenntlich gemacht ist."

Die Zeit vergeht nicht schneller als früher, aber wir laufen eiliger an ihr vorbei.

George Orwell

11:55

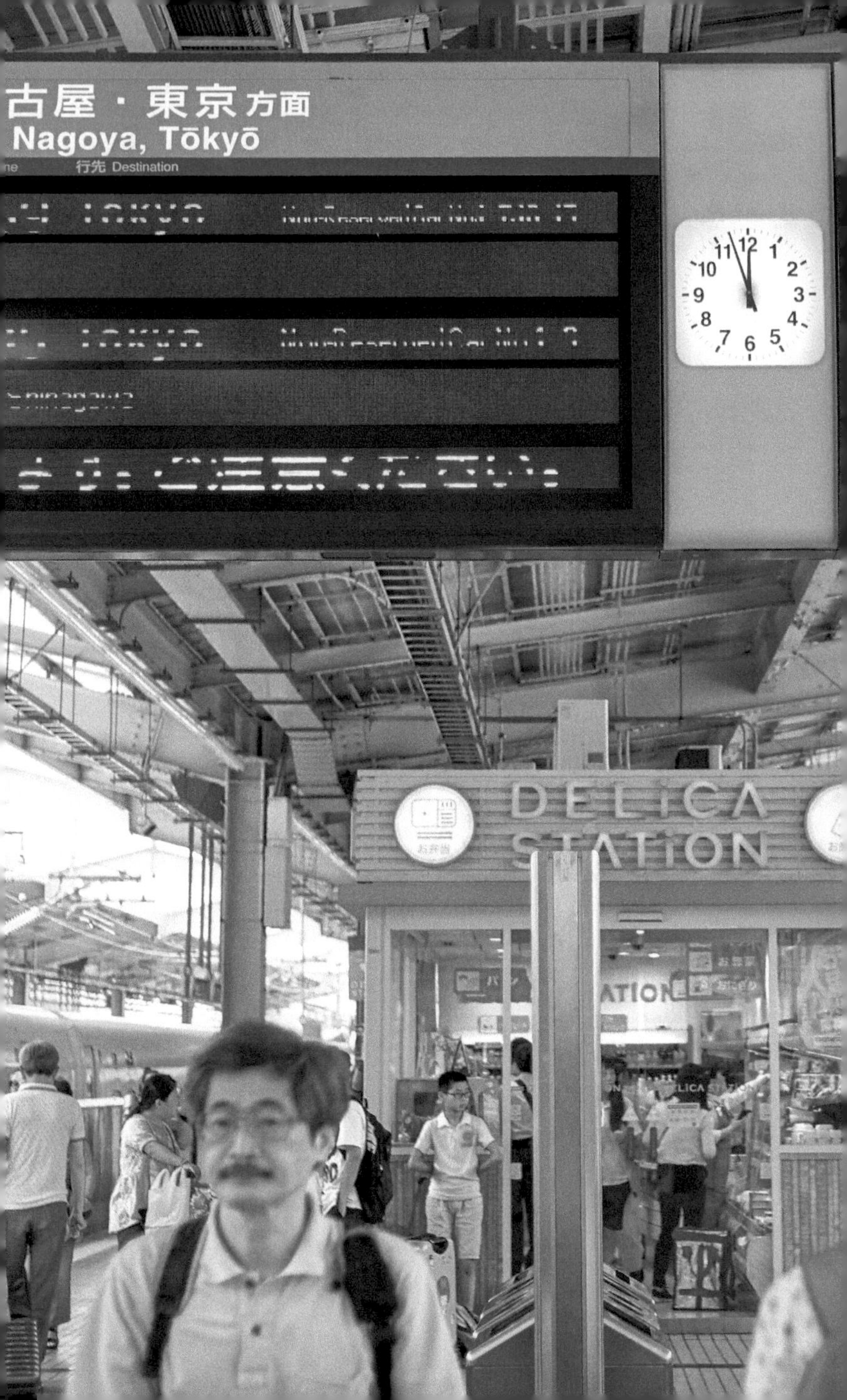

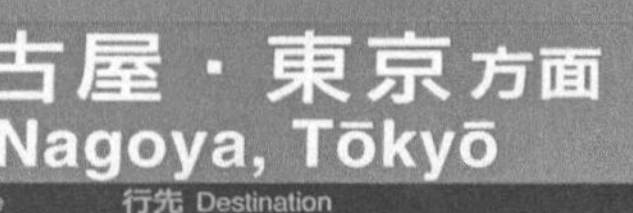
古屋・東京 方面
Nagoya, Tōkyō

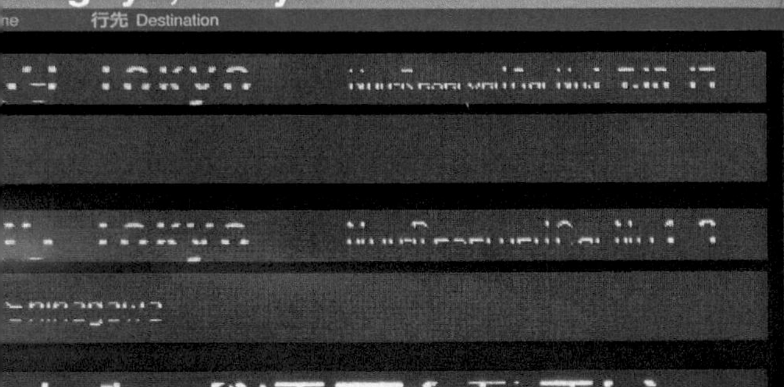
行先 Destination
TOKYO
TOKYO
Shinagawa

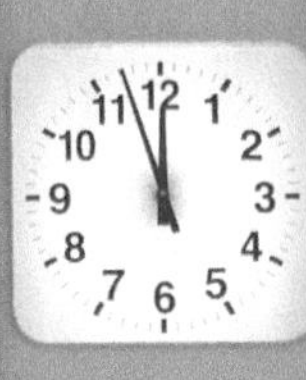

DELICA
STATION

Allerdings wurde diese Seite der Absurdität der Chronometrisierung nur von wenigen Menschen wahrgenommen. In den europäischen Städten versammelten sich an entsprechenden Uhren eine erhebliche Schar, häufig Männer, die dort öffentlichkeitswirksam ihre teuren Taschenuhren stellten.

11:57

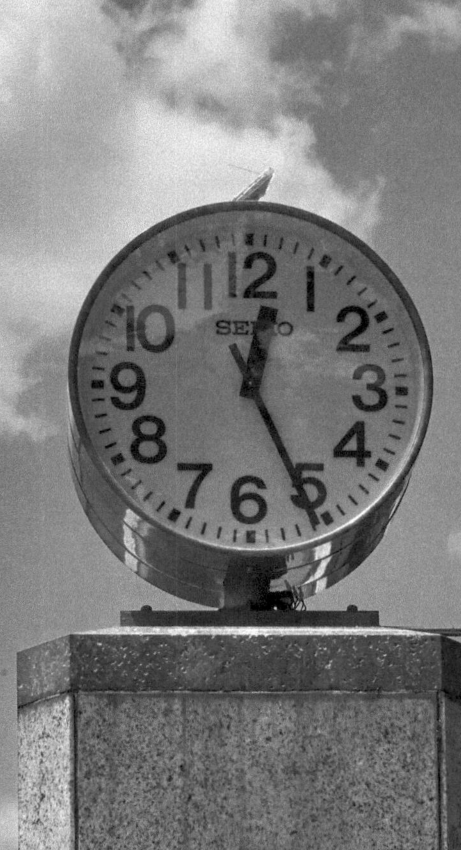
SEIKO

Die meisten Menschen begrüßten die explosionsartige Vermehrung der öffentlichen Uhren und freuten sich, nun endlich mit Fahrplänen, Sprechstunden, Arbeits-, Pausen-, Öffnungs- und Lieferzeiten synchronisiert werden zu können. Sie konnten zu jeder beliebigen Gelegenheit ihre eigene Taschen- oder Armbanduhr mit der amtlichen Zeit abgleichen, völlig egal, ob dazu eine Notwendigkeit bestand oder nicht. Allein die Möglichkeit wurde als persönlicher Fortschritt wahrgenommen. Das (nicht eingehaltene) Versprechen lautete, *Zeit ist Geld.*

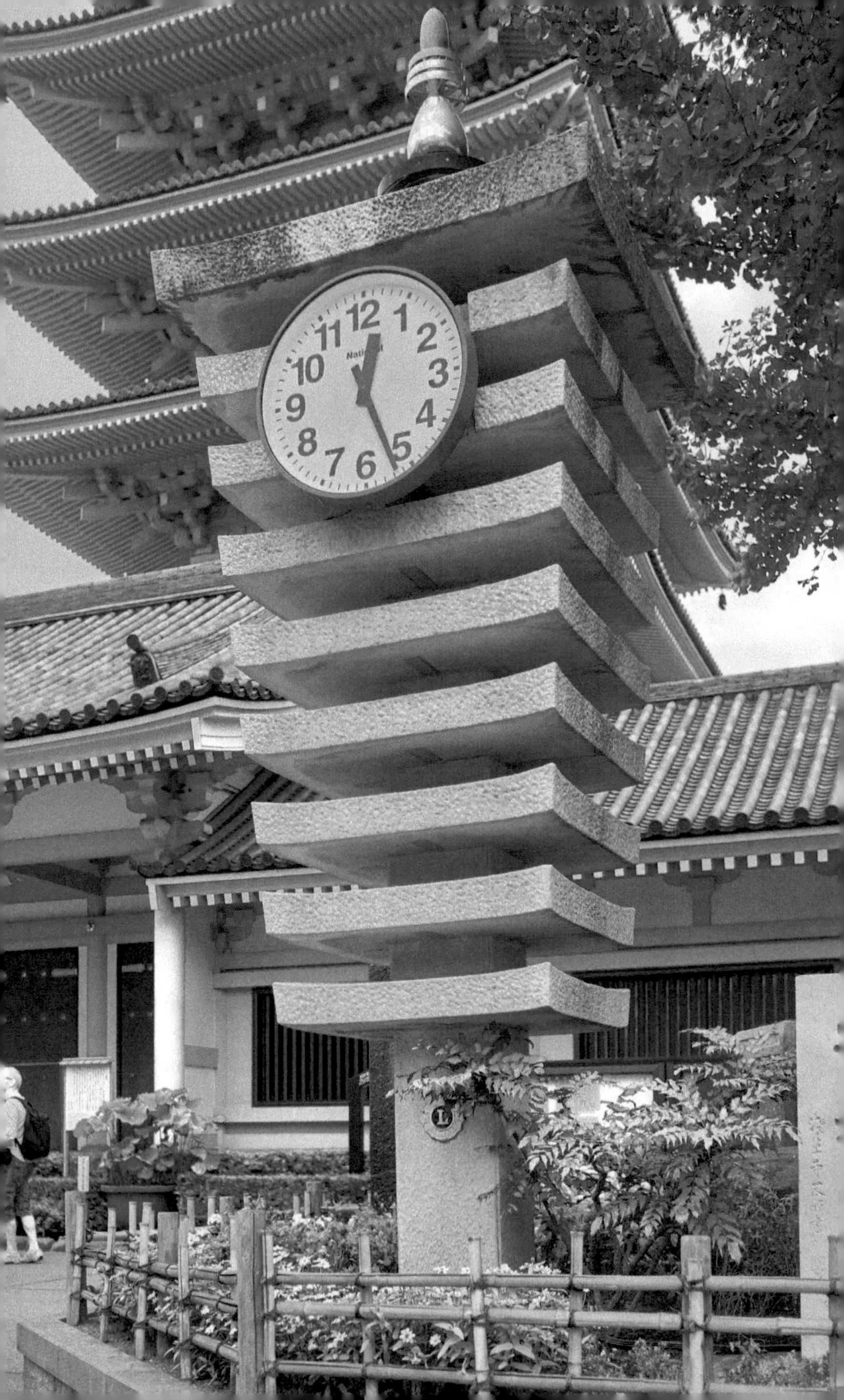

Liebst du das Leben? Dann vergeude keine Zeit, denn daraus besteht das Leben.

Benjamin Franklin

Die Neuzeit

Es ist keinesfalls eine zufällige Analogie, wenn man gedanklich die sozialen Netzwerke des Heute, an die Stelle des *Großen Uhrbanns* von damals treten lässt. Diese Netzwerke senden permanent Synchronisationsimpulse, nunmehr in einer so hohen Frequenz, dass es den Mitspielern unzumutbar erscheint, diese jedes Mal von einem Display ablesen zu müssen. Stattdessen lassen sie den Taktgeber ihrer persönlichen Fortschrittswelt an das Handgelenk wandern und feierten den Advent der *Smartwatch*. Nur gelegentlich wird den Protagonisten, so wie Kubins Zeitgenossen, die Albernheit der Situation bewusst.

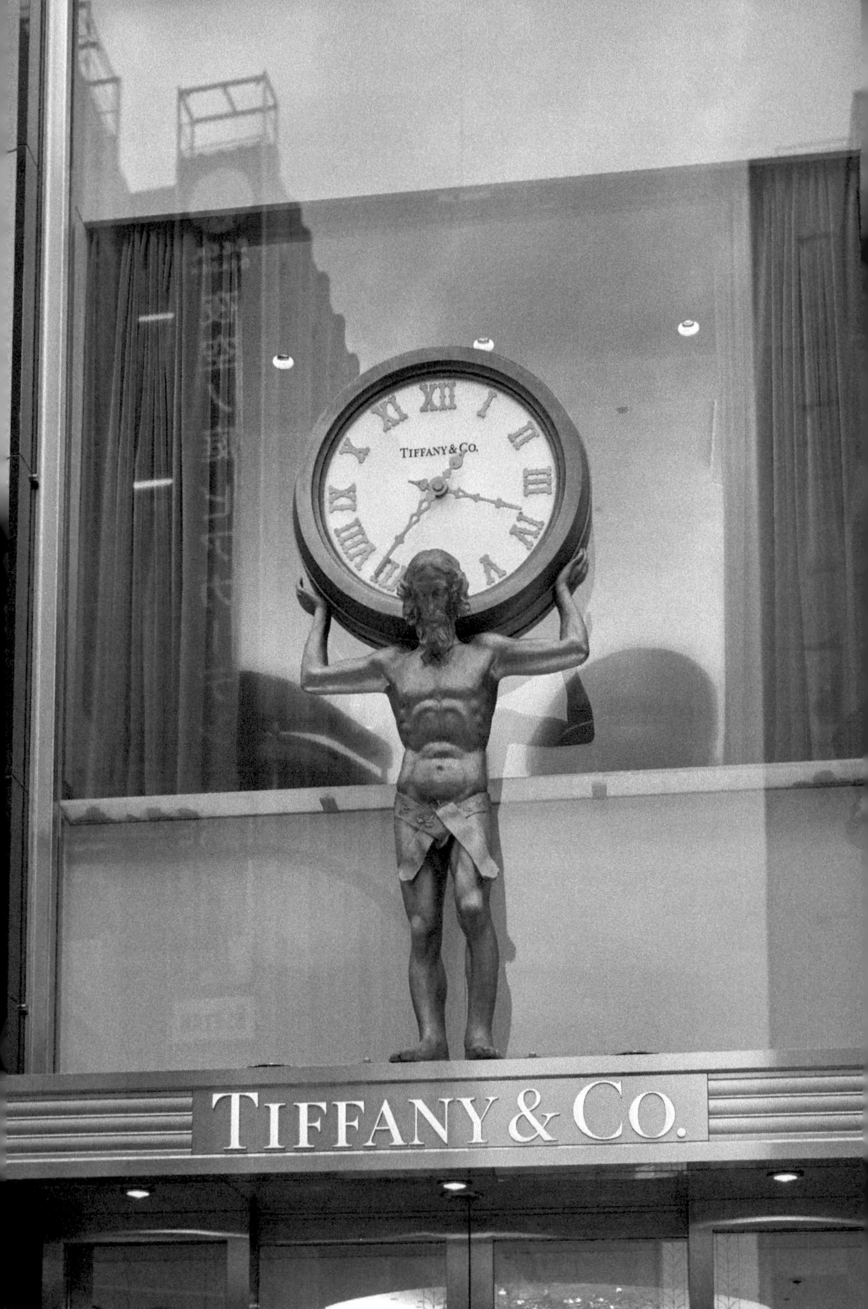

TIFFANY & CO.
TIFFANY & CO.

Die zwei größten Tyrannen der Erde: der Zufall und die Zeit.

Johann Gottfried von Herder

15:36

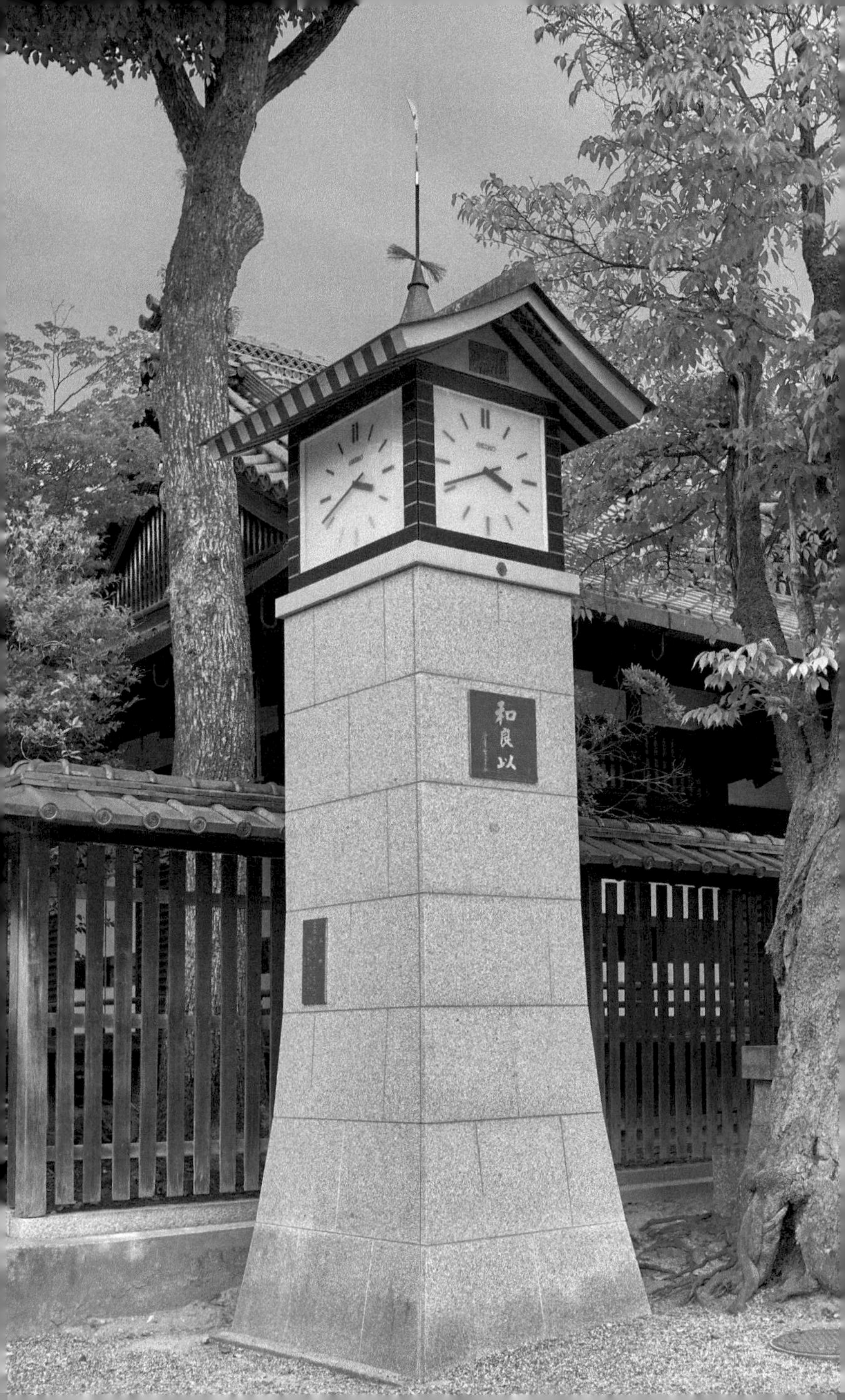

和
良
以

Die Eisenbahn-Stationsbeamten theilen mit, daß es ganz an der Tagesordnung sei, daß Personen, getäuscht durch die Angaben öffentlicher Uhren, die Züge versäumen. Wer kommt diesen Leuten für die daraus erwachsenden Verluste und großen Unannehmlichkeiten auf? Diese Zustände stellen seitens der städtischen Behörden, welche es angeht, die vollste Nichtachtung dar vor einem geldwerthen Rechte der Bürger: dass man ihm sagt, wie viel es geschlagen hat." (Neue Freie Presse, 7.8.1875, S. 6.)

Die Ewigkeit dauert lange, besonders gegen Ende.

Woody Allen

15:42

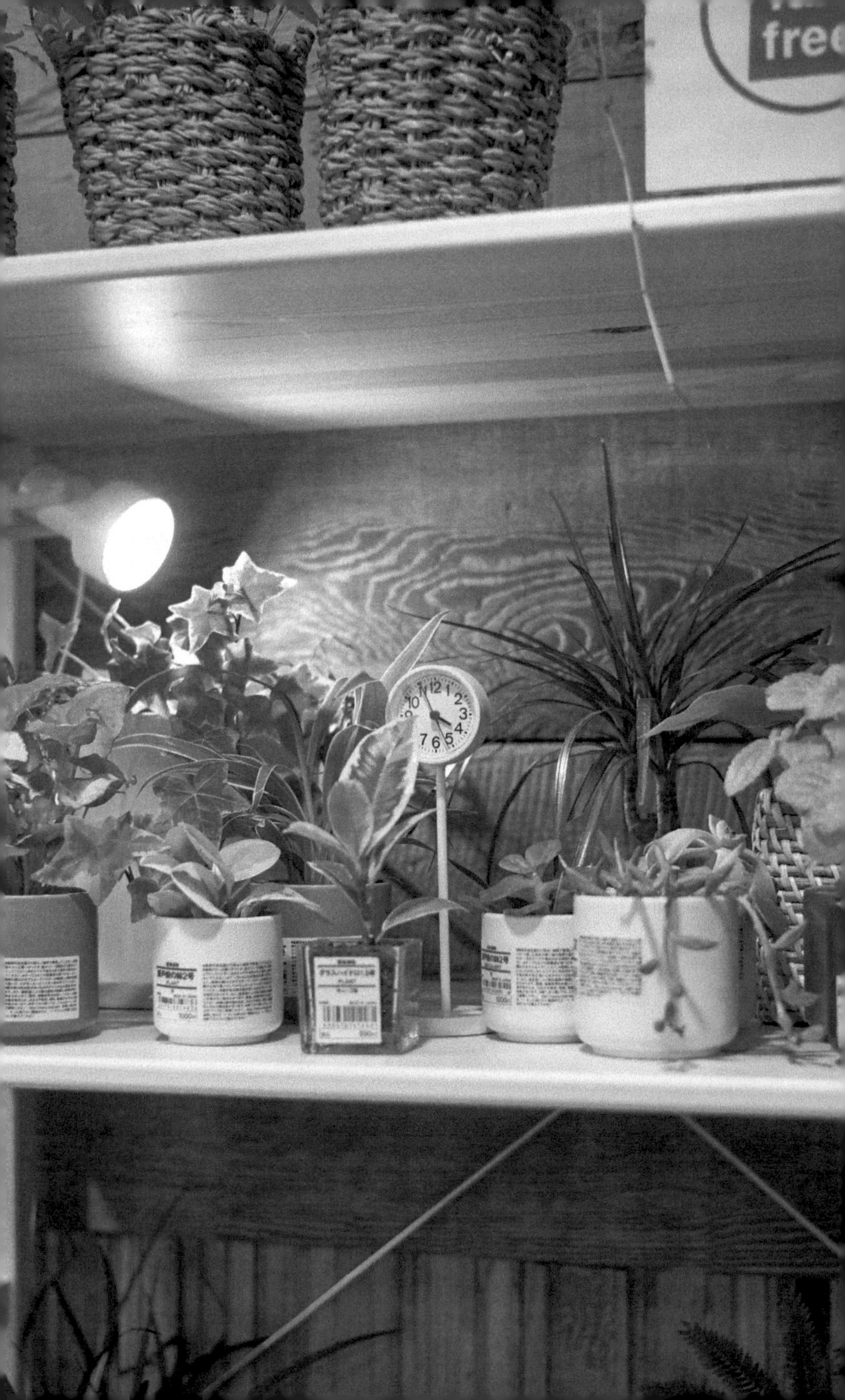
free

Es entbehrt nicht einer gewissen Ironie, dass sich Apple 2012 für das Design seiner iOS-Uhr-App ausgerechnet am Design des Gestalters Hans Hilfiker von 1944 für die Bahnhofsuhren der SBB bediente - wenn auch nicht ganz legal. Das neue (ebenso leere) Versprechen heißt nun: *Zeit ist Aufmerksamkeit.*

Die Stadtuhr hat wieder rheumatische Zufälle.

Georg Christoph Lichtenberg

15:51

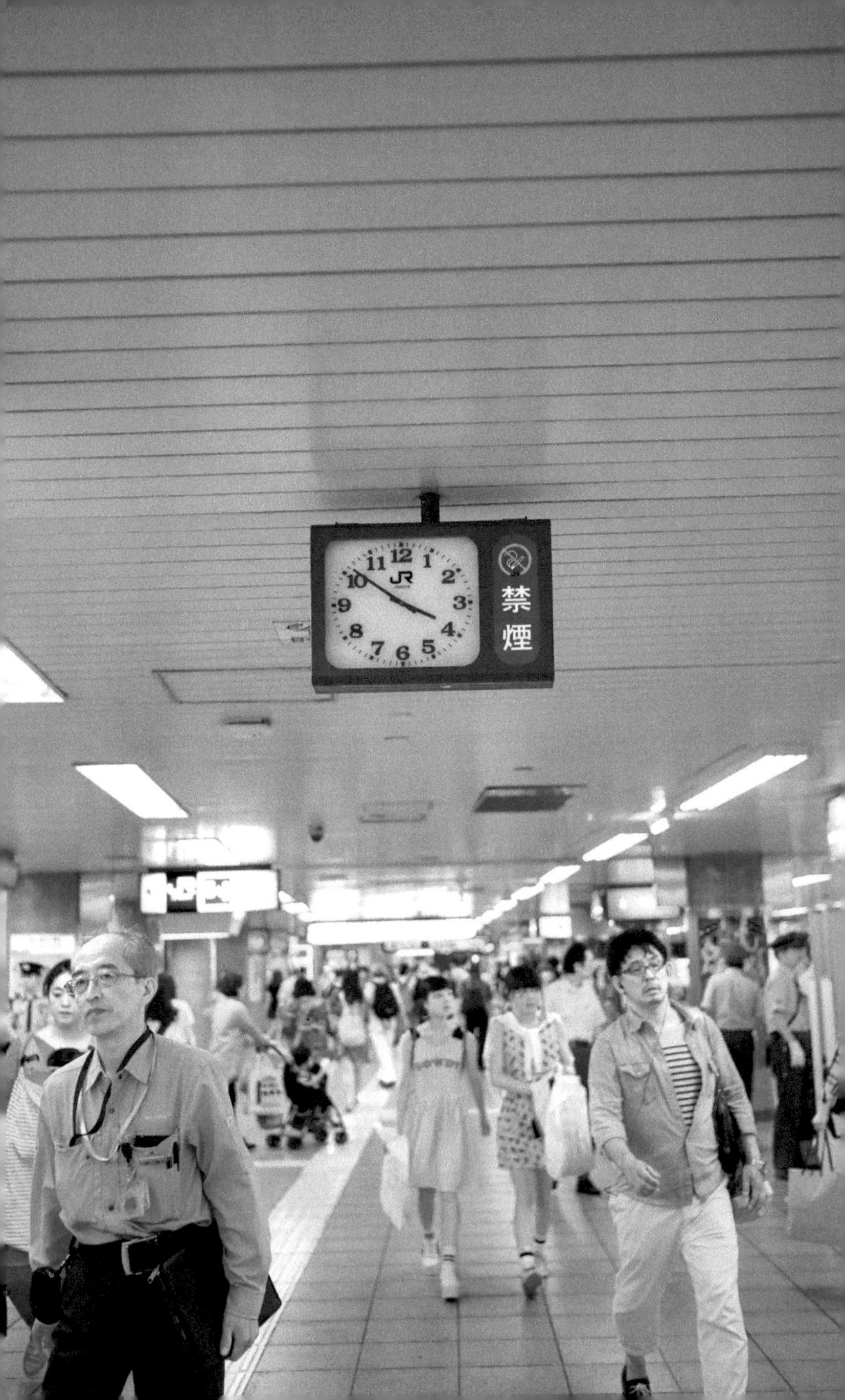
JR
禁
煙

Japan

Schon vor einiger Zeit hat ein Rückzug der Uhren aus dem öffentlichen Raum begonnen. Öffentliche Uhren werden sicher niemals zu 100% verschwinden, doch schon heute dominieren Uhren zur Reklame und historische Uhren das Stadtbild. Neue Uhren, als ausschließlich Zeit anzeigende Stadtmöbel oder

15:52

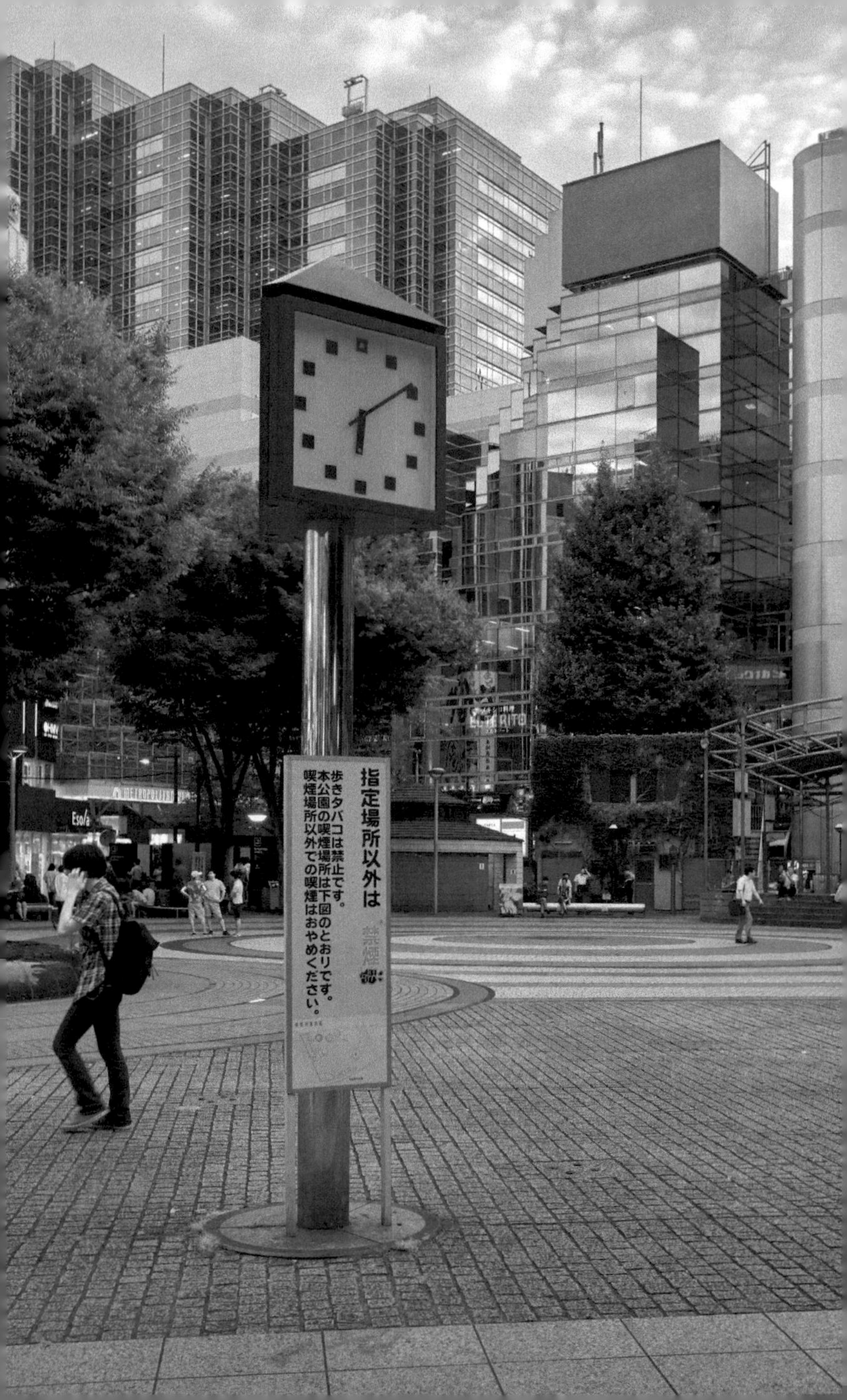
指定場所以外は
禁煙
歩きタバコは禁止です。
本公園の喫煙場所は下図のとおりです。
喫煙場所以外での喫煙はおやめください。

Es gibt Wichtigeres im Leben, als beständig dessen Geschwindigkeit zu erhöhen.

Mahatma Gandhi

gar Kunstwerke, werden von den Gemeinden kaum noch finanziert. Selbst Kirchturmuhren werden immer mehr zurückgebaut. Deren Unterhalt ist den Institutionen zu teuer geworden und sie passen nicht mehr in das neue Marketingkonzept der spirituellen Entschleunigung bzw. des Innehaltens. Dieser Rückzug der Uhren aus dem öffentlichen Raum ist global.

18:08

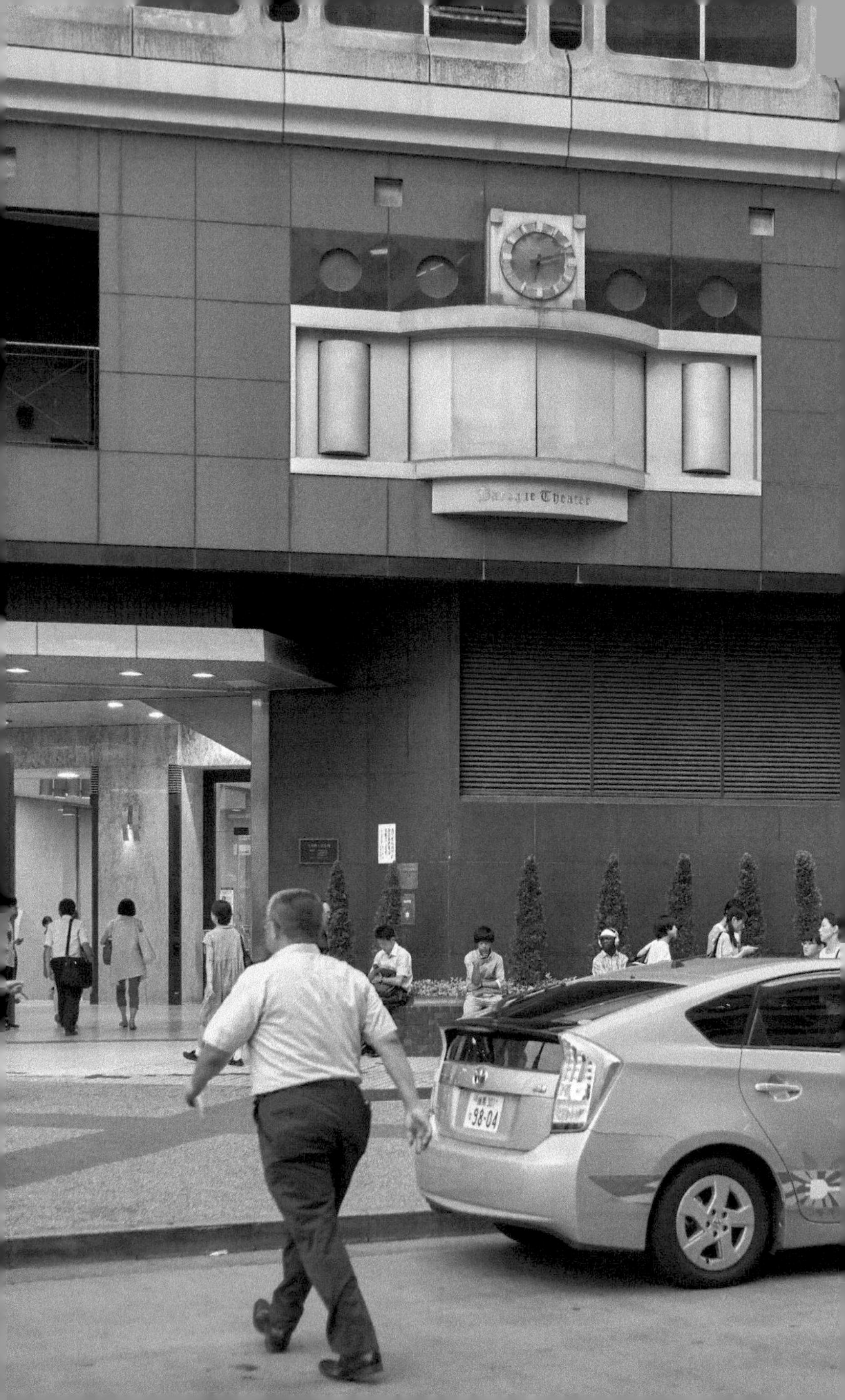
Baroque Theater

In Asien und besonders in Japan vollzog sich die Entwicklung der Uhren im öffentlichen Raum auf gänzlich andere Weise. 1633 schlossen die Herrscher Japans das Land zu und warfen den Schlüssel weg. Man verzichtete, unter Androhung drakonischer Strafen, auf den Austausch mit Völkern außerhalb Japans. Diese Periode ist bekannt als Sankoku. Erst 1853 wurde es von außen und mit Gewalt der *Schwarzen Schiffe* des Commodore Matthew Perry der US Navy wieder aufgesperrt.

Wer von seinem Tag nicht zwei Drittel für sich selbst hat, ist ein Sklave.

Friedrich Nietzsche

18:12

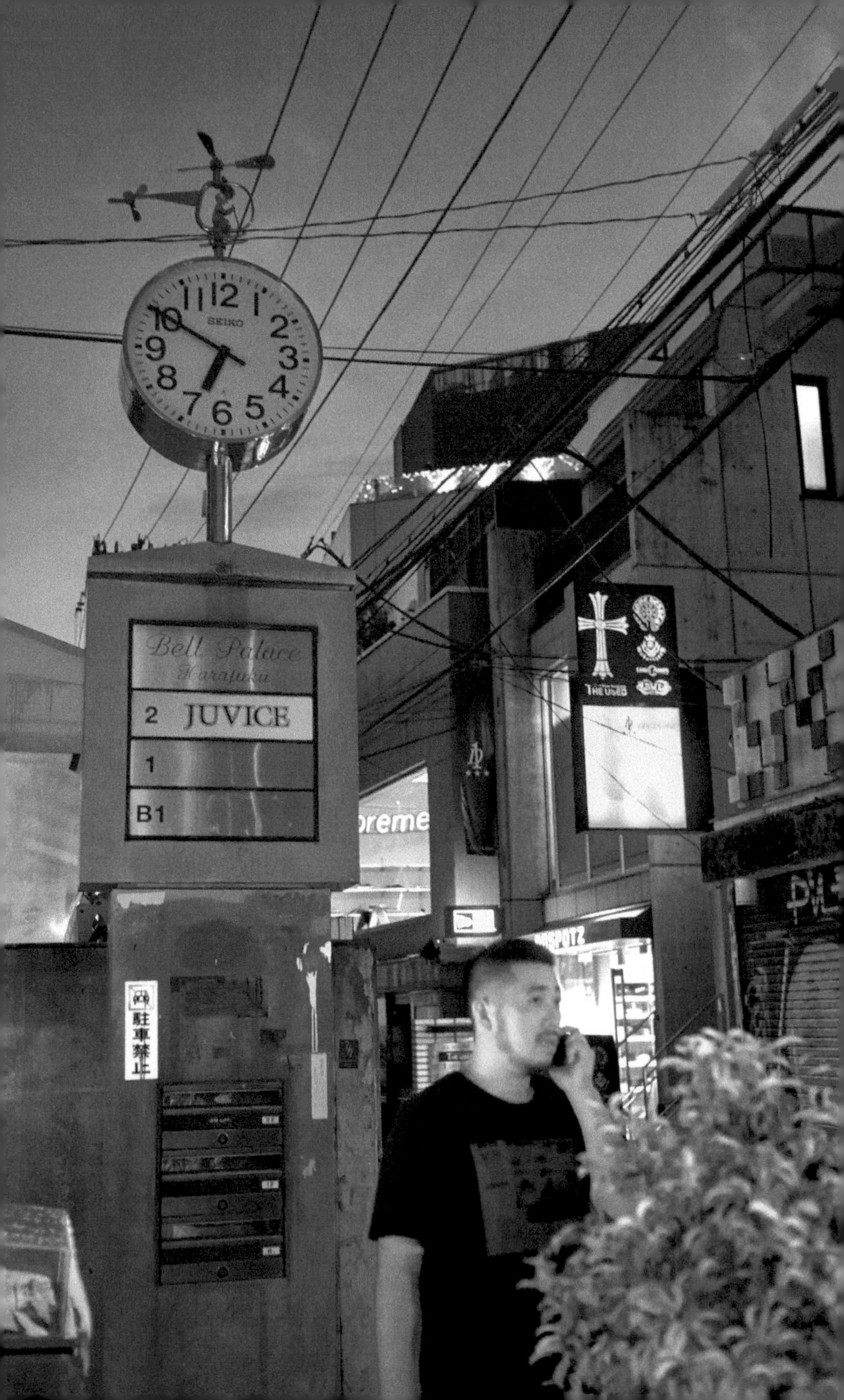
SEIKO
Bell Palace
Harajuku
2 JUVICE
1
B1
駐車禁止
THE USED
oreme

Bevor man sich in diese Isolation zurückzog, gab es regen Austausch mit dem Westen. Allen voran mit holländischen Missionaren. Im 16. Jahrhundert brachten diese die ersten mechanischen Uhren nach Japan. Die japanischen Uhrmacher entwickelten in der Isolation eine ganz eigene Art von Uhren, die sich in vielerlei Hinsicht stark von denen des Westens unterschieden. Neben einer anderen Anzahl von Stunden wich vor allem das Konzept der variablen Stundenlängen, je nach Jahreszeit, von den westlichen Uhren ab. Diese Uhren nannten sich *Wadokai*.

Managerkrankheit: eine Epidemie, die durch den Uhrzeiger hervorgerufen und durch den Terminkalender übertragen wird.

John Steinbeck

18:50

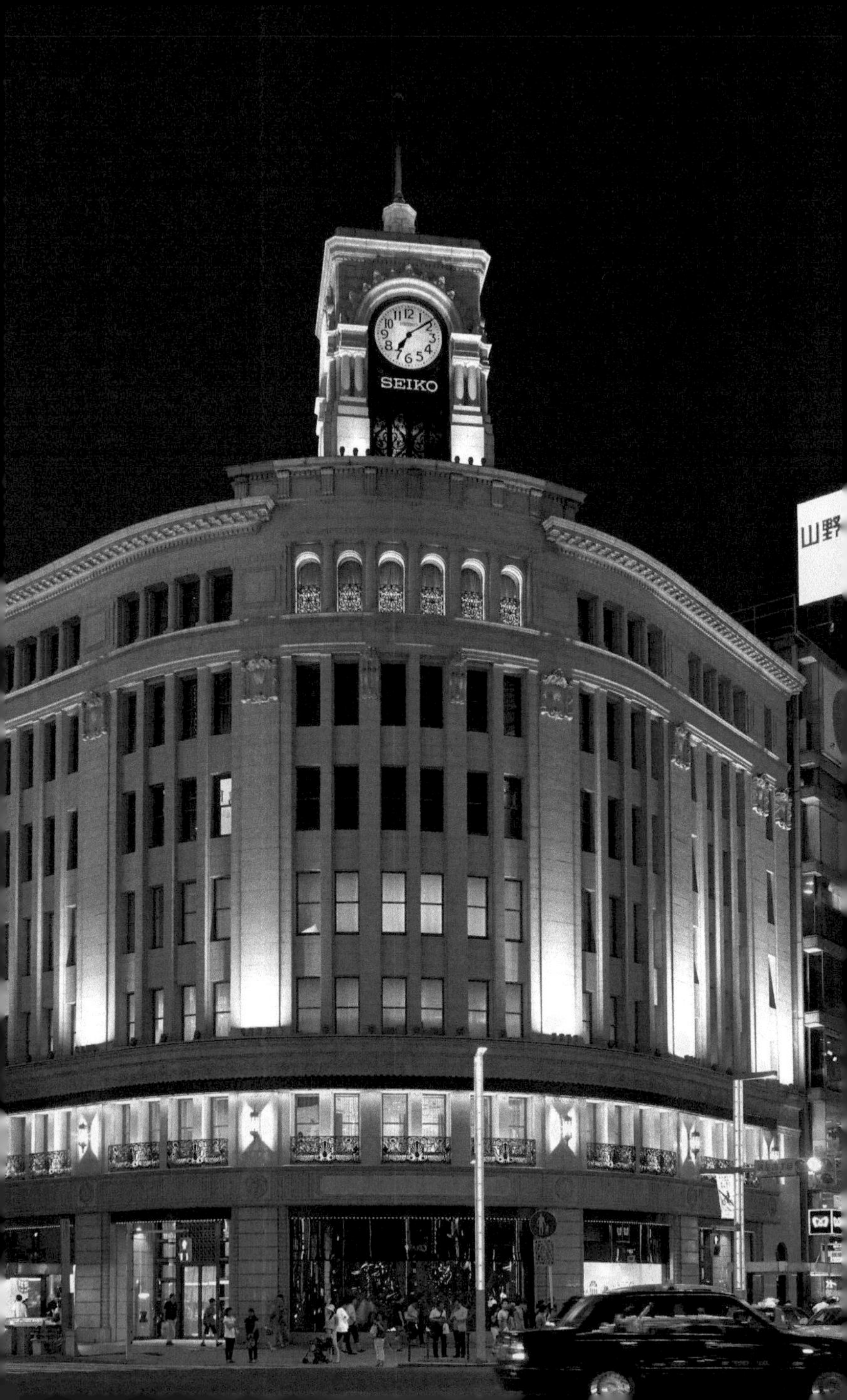
SEIKO
山野

1851 entwickelte Hisashige Tanaka die *Mannen Dokei* (10.000-Jahre-Uhr). Sie zeigte neben der westlichen Zeit die japanische Zeit, die Mondphasen, die Wochen, Monate auch noch die 24 Solar-Terms des in Ostasien verbreiteten lunisolaren Kalenders an. Diese Uhr, wurde nur ein einziges Mal pro Jahr aufgezogen.

In Zukunft wird jeder 15 Minuten berühmt sein.

Andy Warhol

19:08

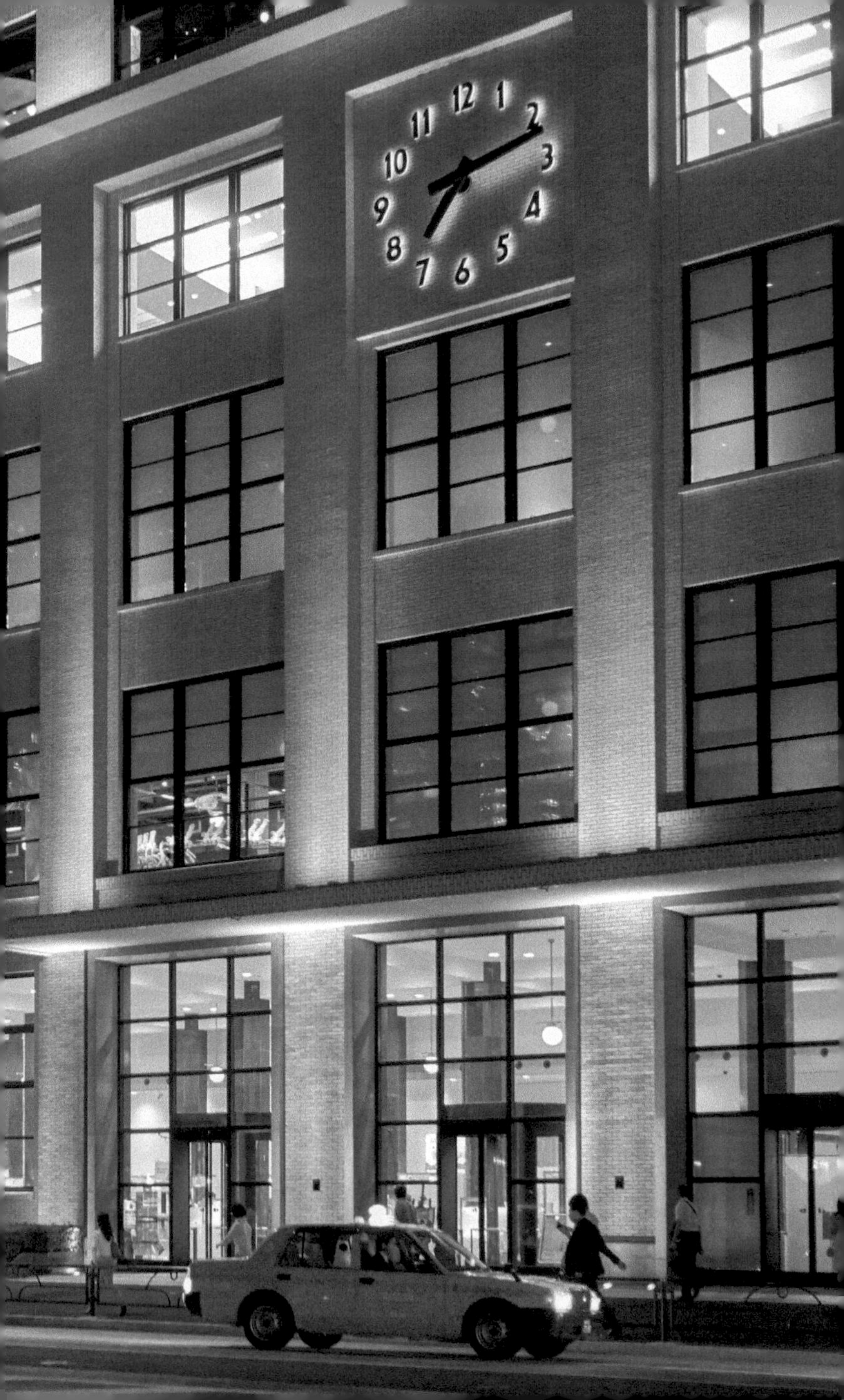

Zur Weltausstellung 2005 in Aichi wollte man eine vollständig rekonstruierte Uhr präsentieren. Um das wirklich zu schaffen, mühte sich ab 2004 ein Heer von über 100 Experten, Ingenieuren und Wissenschaftlern, an ihr ab. Sie zerlegten das Gerät in seine mehr als 1.000 Bestandteile, ersetzen defekte Bauteile und nach 6 Monaten lief sie wieder - nach 154 Jahren Pause.

Wer nach der Uhr lebt, muss damit rechnen, dass ihm sein Leben mit der Zeit auf den Wecker geht.

Ernst Ferstl

19:12

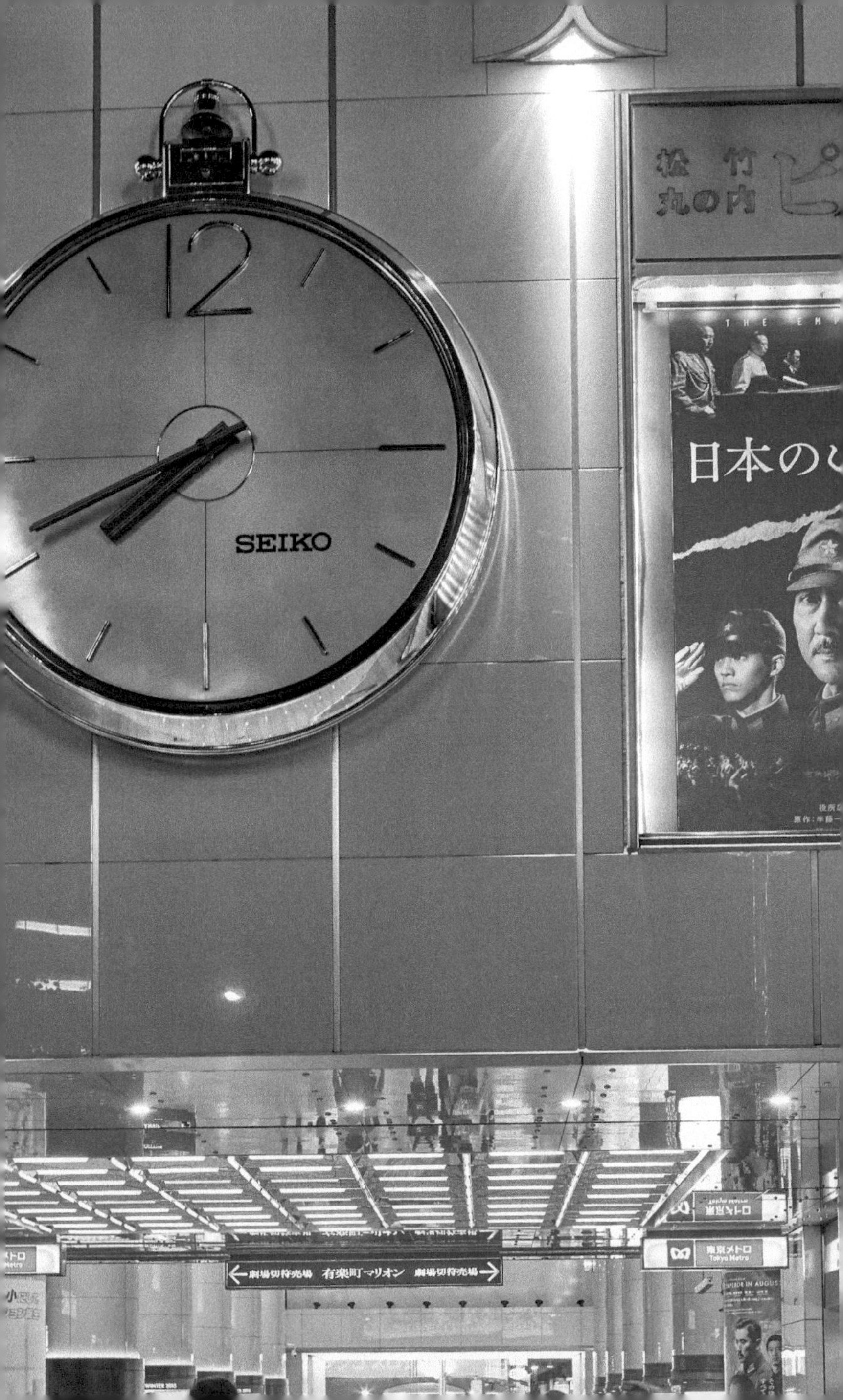
12
SEIKO
松 竹
丸の内
日本の
THE EMP
EMPIRE IN AUGUS
原作：半藤一
メトロ
Metro
東京メトロ
Tokyo Metro
←劇場切符売場　有楽町マリオン　劇場切符売場→
EMPIRE IN AUGUS

Der gleiche Tanaka baute 1853 die erste japanische Dampfmaschine. Dampfkriegsschiffe, Gewehre, Telegrafen, Glasfabriken … Vieles mehr folgte. Seine kleine Firma in Ginza/Roppongi wurde zu der bekanntesten japanischen Firma überhaupt - *Toshiba*.

Laufe nicht der Vergangenheit nach und verliere dich nicht in der Zukunft. Die Vergangenheit ist nicht mehr. Die Zukunft ist noch nicht gekommen. Das Leben ist hier und jetzt.

Buddha

19:42

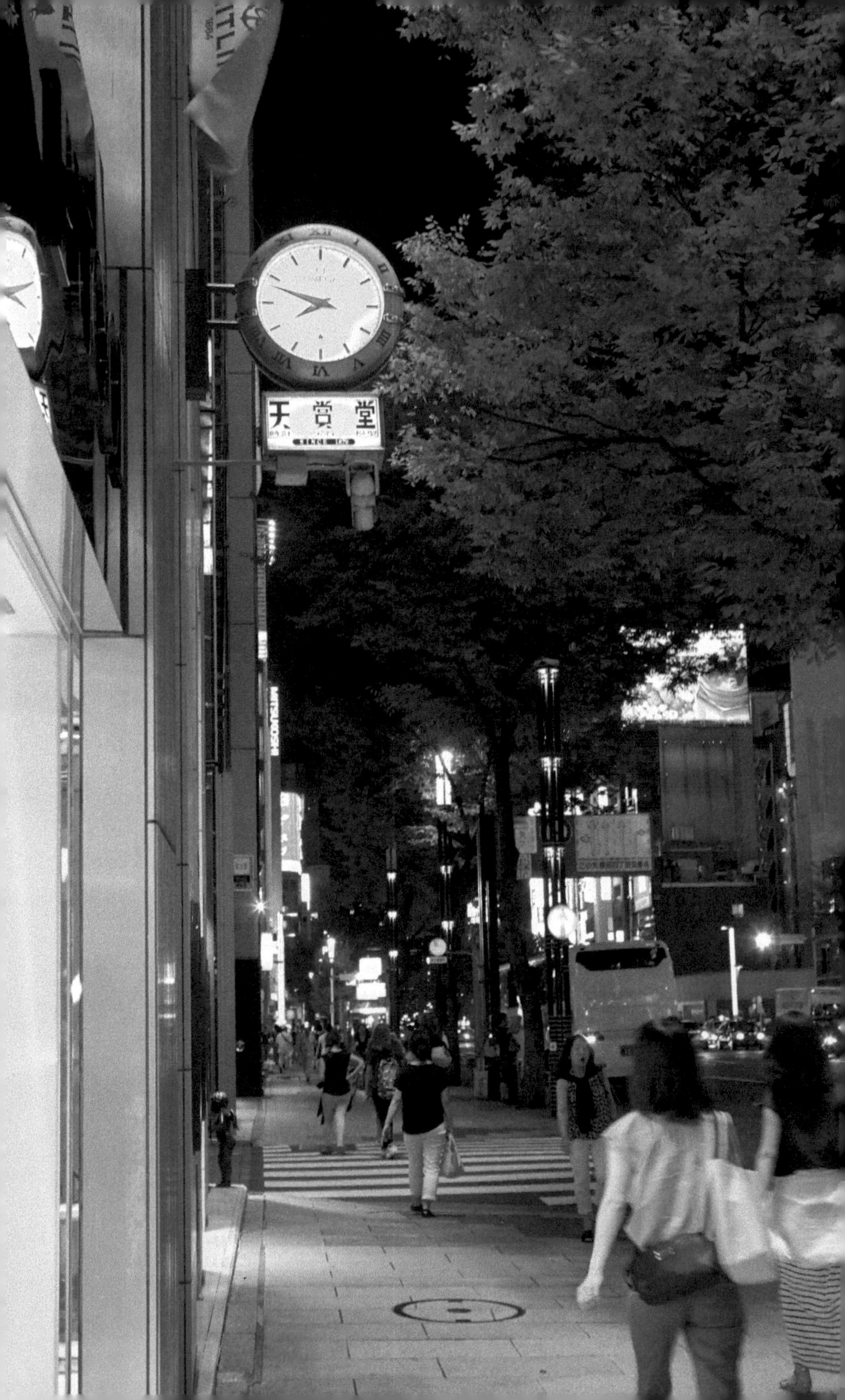
天賞堂
MITSUKOSHI

So wie Tanaka ging es vielen Entwicklern in Japan. Nachdem die Meiji die Zügel locker ließen, kam es zur industriellen Revolution. Nur eben in viel kürzerer Zeit als in anderen Ländern. Auch ohne den erstarkenden japanischen Imperialismus verlangte die vom Militär und der Großindustrie dominierte Gesellschaft nach Synchronisation.

1873 schaffte man per Dekret den lunisolaren Kalender ab und etablierte den westlichen Solarkalender. 1881 installierte E.Howard & Co. die Sapporo-Turmuhr. 1888 wurde die japanische Standardzeit etabliert.

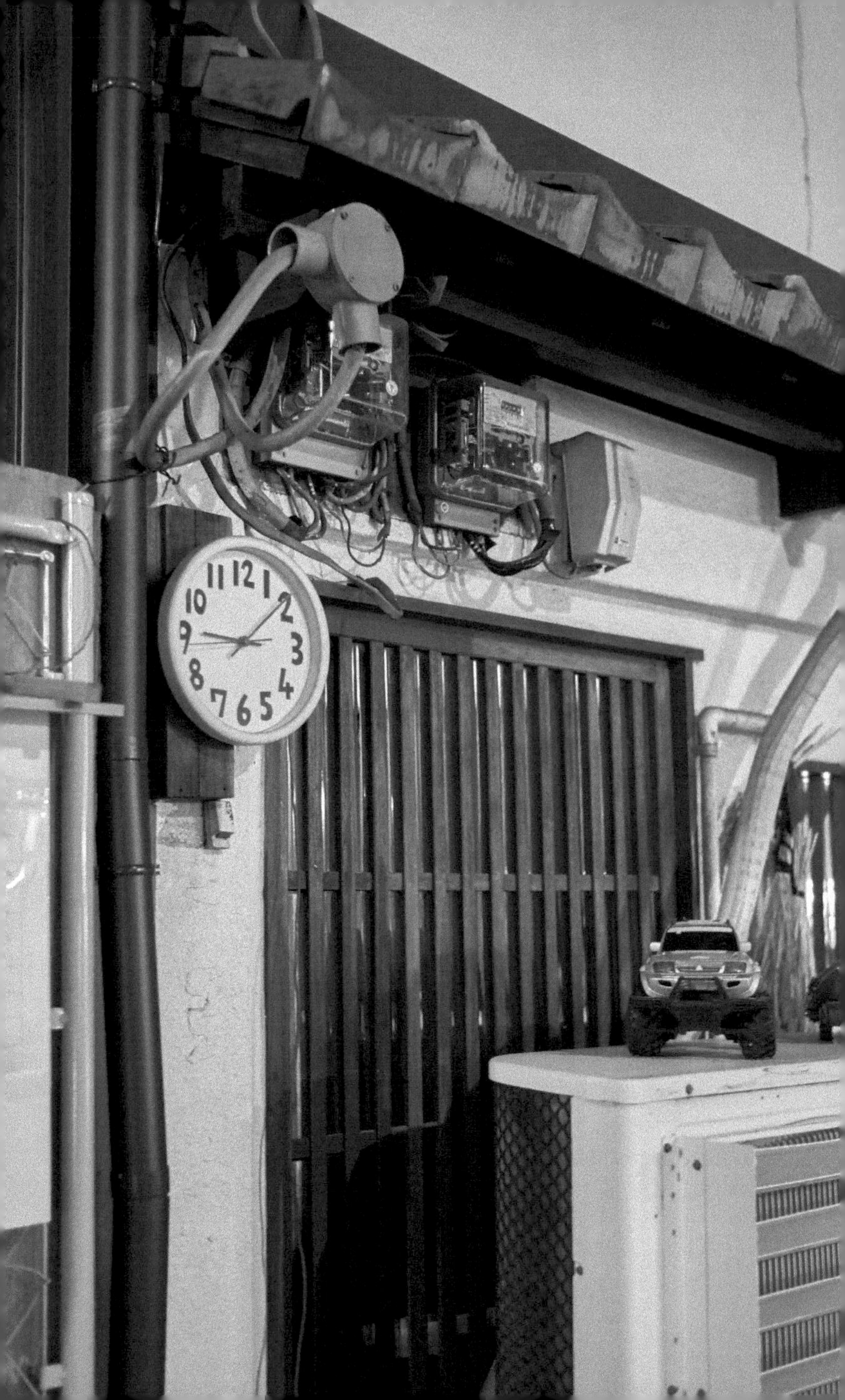

Ich erinnere mich gut, wie eines Tages ein Schulkamerad, irgendwann in den 70ern, ich muss in der 7. Klasse gewesen sein, mit einem unglaublichen Metallklumpen am Handgelenk in die Schule kam. Der Klumpen entpuppte sich als die erste kommerzielle Armbanduhr mit digitaler Anzeige. Made in Japan. Ich dachte damals, *das ist das Ende der Analoguhr.* Doch die digitale Anzeige setze sich weder in Japan, noch irgendwo sonst in der Welt gegen das Analoge durch, auch nicht im öffentlichen Raum. Dabei gab es zahllose Versuche.

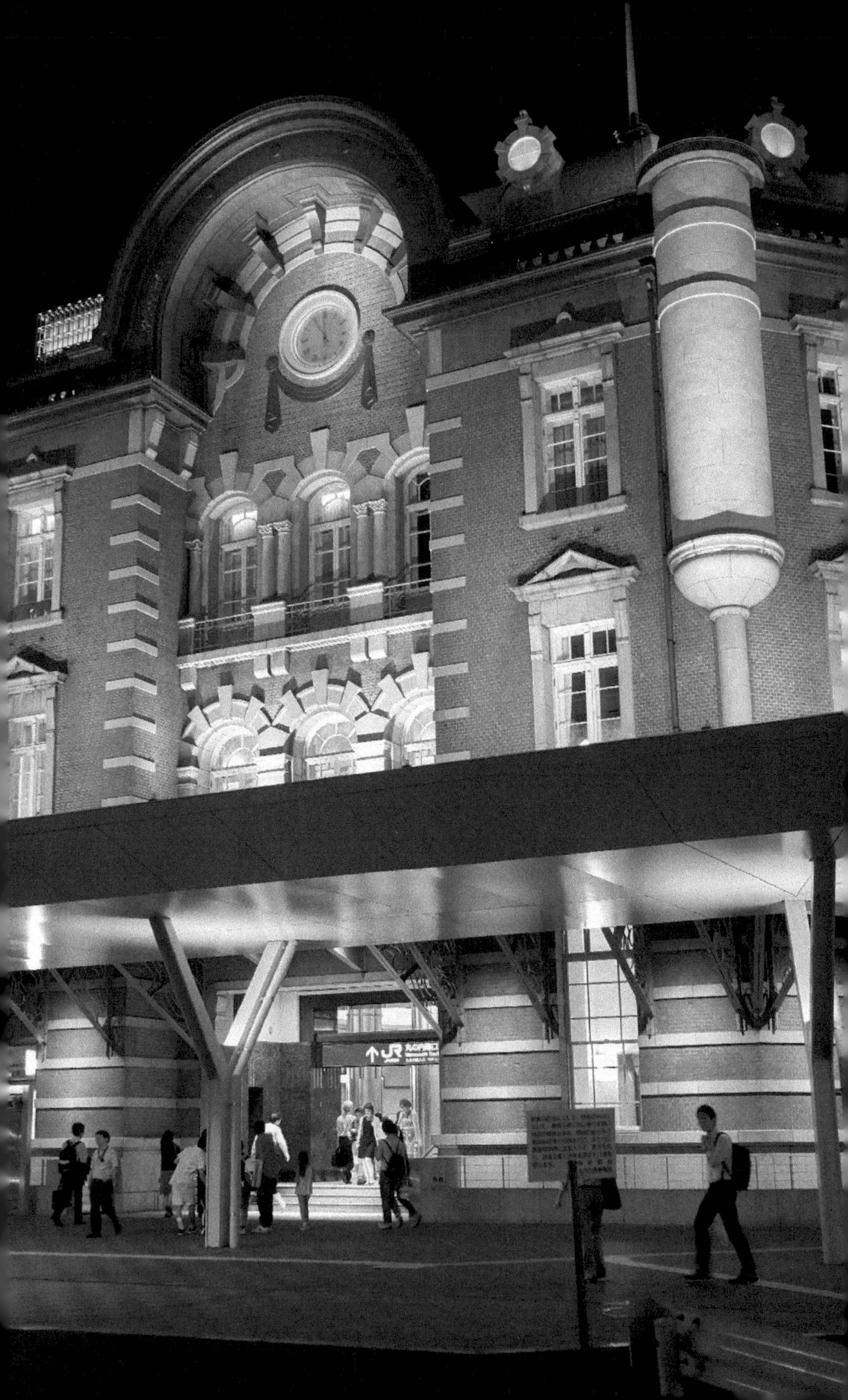

Die Menschen werden geboren, die Menschen sterben, und die Zeit dazwischen verbringen sie mit dem Tragen der Digitaluhren.

Douglas Adams

Die Verbreitung der öffentlichen Uhren war in England am höchsten. Das viktorianische Zeitalter hat einen riesigen Uhrenzoo hinterlassen. In Japan blieb nur relativ wenig Zeit für den Aufbau. Heute ist die Häufigkeit der Uhr im Stadtbild in Tokyo, Osaka, Kyoto, Kobe, Sapporo … vergleichbar mit jeder anderen Stadt auf der Welt. Und wie überall, mit abnehmender Tendenz.

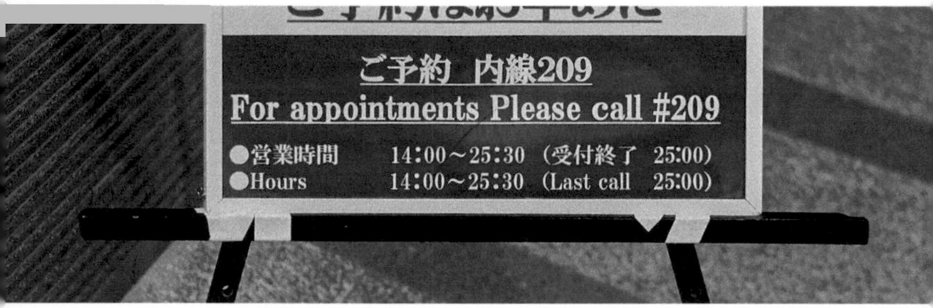

ご予約　内線209
For appointments Please call #209
●営業時間　　14:00～25:30　（受付終了　25:00)
●Hours　　　14:00～25:30　(Last call　25:00)

Bilder: Sven Tetzlaff (sventetzlaff.com)

Fotografiert mit Leica M(Typ240),
Summicron-M 1:2/35 ASPH

Orte: Osaka, Kobe, Kyoto, Nara und Tokyo

Quellen:
• Die Verwandlung der Welt. - Osterhammel, Jür-
gen. - München : Beck, 2010, 5., durchges. Aufl.

• Die synchronisierte Stadt - Öffentliche Uhren und
Zeitwahrnehmung, Wien 1850 bis heute. -Payer,
Peter. - Wien: Holzhausen Verlag 2015

• Toshiba : Press Releases 8 March 2005. N.p., n.d.
Web. 06 Apr. 2013.

25:00